Thomas Brezina

Un caso para ti y el

EQUIPO TIGRE

Un barco de vapor demoniaco

Ilustraciones de Werner Heymann

sm

Joaquín Turina, 39 28044 Madrid

Primera edición: marzo 1998
Sexta edición: abril 2003

Colección coordinada por Marinella Terzi
Traducción del alemán: José A. Santiago Tagle
Ilustraciones: Werner Heymann

Título original: *Der Teufels-Dampfer*

Joaquín Turina, 39 - 28044 Madrid

ISBN: 84-348-6018-X
Depósito legal: M-15010-2003
Preimpresión: Grafilia, SL
Impreso en España / *Printed in Spain*
Imprenta SM - Joaquín Turina, 39 - 28044 Madrid

¡Hola! Somos el Equipo Tigre

Biggi – Tenaz como un tigre
Luc – Listo como un tigre
Patrick – Fuerte como un tigre
______________ - ________ como un tigre
(tu nombre)

Nombre: Patrick
Edad: 12 años
Mis puntos fuertes: Antes era gordo, ahora soy todo músculos. Entreno todos los días. Algunos dicen que tengo poco seso. ¡Tonterías!
Mi mayor problema: A veces me falta valor. ¡No lo vayáis diciendo por ahí!
Lo que más me va: Las películas de acción, los chistes y las cosas divertidas, el deporte, mi conejo Benny.
Características: Casi siempre voy con chándal.

Nombre: Biggi (diminutivo de Birgit)
Edad: 12 años
Mis puntos fuertes: Colecciono de todo, y prefiero ocuparme de las cosas personalmente.
¡A veces los chicos son de lo más patoso!
Mi mayor problema: ¡Soy dura de mollera, y eso suele irritar a los demás!
Lo que más me va: Las prendas holgadas, los helados de avellana, las cosas ricas, la cocina, los caballos.
Características: Me paso el día comiendo.

Nombre: Luc
(diminutivo de Lucas)
Edad: 11 años
Mis puntos fuertes:
Me apasionan los experimentos, los ordenadores y los aparatos que tienen control remoto. ¡He construido un frigorífico volante!
Mi mayor problema: A mi alrededor reina el caos. ¡Siempre hay algo que no encuentro!
Lo que más me va: Las hamburguesas, los libros sobre vikingos, inventos y cosas por el estilo; mi bloc electrónico, que he transformado en una máquina de locura.
Características: Siempre llevo conmigo un maletín especial.

¡Ahora ya eres uno de los nuestros!
Haz tu presentación:

Pon tu foto aquí

Nombre: ____________________

____

Edad: ______________________

Mis puntos fuertes: ____________

____

____

____

Mi mayor problema: ____________________

____

____

Lo que más me va: ____________________

____

____

Características: ______________________

____

____

¡Enseguida comienza un nuevo caso para ti y para nosotros!

IMPORTANTÍSIMO

Tú puedes participar activamente en esta aventura. Responde a las distintas preguntas planteadas, utilizando las pistas y el cerebro.

Las preguntas se representan de este modo:

¡Busca la pista que lleve a la respuesta correcta! El bloc electrónico de Luc te dirá si has acertado. Para ello, coloca encima el descodificador del Equipo Tigre y gíralo suavemente hasta que puedas leer la solución.

El descodificador y todo lo que necesites para resolver el caso está en el sobre que encontrarás al final del libro.

¡No te olvides! Anota en la Tarjeta del Caso un punto por cada acierto. La encontrarás en la página 124.

¡Y ahora, empieza la aventura!

¿Un barco fantasma?

Patrick abrió asustado los ojos y señaló con el dedo hacia el Misisipí.

—¿Has visto un fantasma? –preguntó riéndose Biggi, que miró al río–. ¡Eh, pero si es un vapor de ruedas de verdad! –constató alegre.

Luc se puso deprisa las gafas para ver mejor el barco, y enseguida se explicó por qué Patrick se había quedado sin habla.

—Biggi, ése... ¡es el barco de vapor demoniaco! –le susurró al oído.

—¿El barco de vapor demoniaco? Pero ¿de qué tonterías hablas? –exclamó Biggi burlona.

—¡No es una tontería! –respondió Patrick–. Ayer, por televisión, Luc y yo vimos un reportaje sobre él. Se trata de un barco fantasma que navega por el Misisipí sin capitán ni tripulación.

Biggi se dio golpecitos con el dedo en la sien.

—¡Vosotros sí que tenéis el coco lleno de fantasmas! Esos barcos no existen.

—¡Que sí! –dijo Patrick–. Este vapor de ruedas desapareció hace casi cien años. Hace tres días que ha reaparecido y recorre el río en el crepúsculo.

Biggi rió.

—Deberías escribir novelas; fantasía no te falta.

Luc sacó unos prismáticos del maletín especial, donde guardaba un equipo completo de detective.

Biggi se los arrebató de la mano y miró con ellos hacia el imponente vapor blanco.

—¡Pero si le falta una cosa! –comprobó enseguida–. Es una prueba clara de que se trata de una... una falsificación.
Luc enarcó las cejas en busca de explicación.

—Y ¿cómo has llegado a esa conclusión? Pero cuando también él miró con los prismáticos, vio que Biggi tenía razón.

Pregunta para ti

¿Qué le falta al vapor de ruedas?

Biggi quiere demostrarlo

—El barco de vapor se llama *Devil*, que en inglés quiere decir «Diablo» –explicó Luc–. Hace cien años, cuando navegaba por el Misisipí, su capitán sostenía que el *Devil* era el barco más rápido del río, pues ganaba todas las carreras a los demás vapores de ruedas. Pero llegó el 13 de julio de 1898, y ese día el *Devil* no sólo perdió una carrera, sino que también le explotó la caldera y las chimeneas salieron despedidas con gran estrépito. Desde entonces pusieron al vapor el nombre de *Volcán Nadador* y nadie quiso viajar en él. Por ese motivo el capitán, que se llamaba Andy Horn, se deshizo de la tripulación y luego partió él solo a navegar. Pero en el camino el vapor se incendió; en medio de una viva llamarada, el barco desapareció sin dejar rastro. Hasta que hace tres días fue visto de nuevo…

Biggi y Patrick escucharon atentos a su amigo Tigre mientras engullían una hamburguesa, un plato de ensalada y un montón de manzanas.
Los tres estaban pasando una semana entera en las cercanías de Nueva Orleans. El señor Borge participaba en unas Jornadas sobre Informática y, para que Biggi no tuviera

que pasar todo el tiempo con su madre, había invitado también a Patrick y a Luc. Estaban alojados en un magnífico hotel cuyo jardín se extendía hasta la orilla del río. A pesar de que al atardecer seguía haciendo un calor sofocante, los tres amigos insisticron en salir a merendar. De esa manera pudieron librarse de la rígida formalidad de la cena en el comedor del hotel.

—¡Lo siento, chicos, pero no creo en los barcos fantasmas! –dijo Biggi–. Y os demostraré que tengo razón. Cogeré una lancha motora en el embarcadero del hotel y me acercaré hasta el vapor.

—¿Estás chiflada? –Luc se la quedó mirando como si hubiera dicho que iba a hacer allí mismo los deberes de matemáticas.

—No os preocupéis; regresaré enseguida –y diciendo eso, se puso en pie de un salto y corrió hacia el embarcadero.

Los dos chicos la miraron moviendo la cabeza.
La puesta de sol bañaba el río con una enigmática luz rojiza. El barco de vapor demoniaco tenía el aspecto de un ascua.

Una ligera brisa soplaba sobre el Misisipí, y las sombras se hicieron más largas. Luc se quitó las gafas y las limpió enérgicamente, señal de que algo le rondaba la cabeza.

Pregunta para ti

¿De qué se ha dado cuenta Luc?

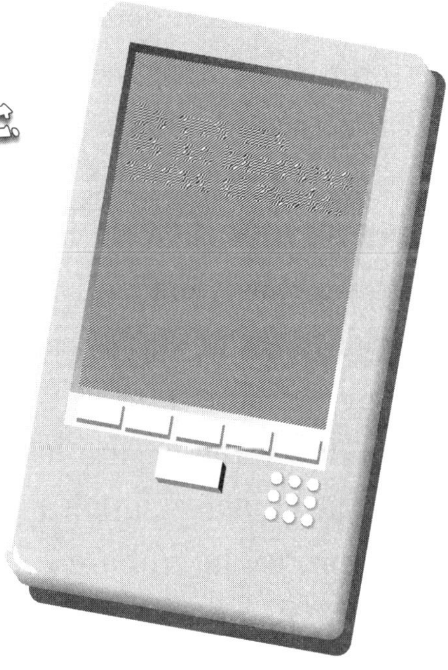

Silencio fantasmal

Biggi dirigió con habilidad la lancha motora hacia el vapor. Dio un rodeo al imponente barco, que, quejumbroso, se mecía tenuemente sobre las olas de las sucias aguas parduzcas. Todas las cubiertas disponían de un paseo que daba la vuelta al barco. El vapor estaba tan hundido en el río, que la más baja de las plataformas apenas sobresalía un poco por encima de la superficie del agua. Biggi se aproximó al barco por la banda de babor, ató la lancha a la barandilla y subió a la cubierta. De pronto la embargó un sentimiento de inquietud y se quedó como clavada, escuchando en tensión. Aunque nada se movía, le entró miedo.

—¡Hola! ¡Hola! ¿Hay alguien ahí? –exclamó tímidamente, sin obtener respuesta.

«¡Demonios, pero si a bordo tiene
que haber alguien que gobierne el barco!»,
reflexionó.
¿O es que los chicos iban a tener razón?
¿Se trataría realmente de un
barco embrujado?
La chica respiró profundamente y
luego recorrió el paseo más bajo,
donde antaño los pasajeros contemplaban
de pie las aguas del río.
Por una de las ventanas miró con
cuidado al interior del barco.
Reconoció un bar polvoriento.
Las botellas y los vasos estaban
cubiertos de telarañas y las mesas
no habían sido recogidas.
Biggi comprobó con repugnancia
que los platos aún contenían
restos de comida.
Como no descubrió nada sospechoso,
subió por una empinada escalera
de hierro a la segunda cubierta,

donde reinaba el mismo silencio fantasmal. Con manos temblorosas, abrió un palmo una puerta de madera. En la penumbra distinguió una araña de cristal y un viejo piano. Evidentemente, se trataba de un salón de baile. Cuando abrió un poco más la puerta, de repente el piano se puso a tocar solo. Biggi lanzó un grito y rápidamente volvió a cerrar la puerta. Pero entonces se enfadó de su cobardía. Bah, un piano no podía tocar solo. Tenía que ser un truco. En su cinturón Biggi llevaba una anilla de la que colgaban algunas cosas útiles; entre otras, una navajita, una chapa con su nombre y su grupo sanguíneo, un silbato y una linterna pequeña. Biggi encendió la linterna y entró en el salón de baile.

Entretanto, el piano había enmudecido, pero el silencio infundía el mismo miedo.

La chica se aproximó despacio al misterioso instrumento.

Pregunta para ti

¿Quién había movido las teclas? ¿Un fantasma o…?

El rastro

Biggi respiró aliviada al descubrir al «pianista».
—¡Bonito susto me has dado! –le dijo al gato, que maulló y se largó de allí. Parecía estar muy familiarizado con el salón de baile.
Biggi abandonó aquel espacio que olía a rancio y subió a la tercera cubierta. También allí encontró un bar, igual de polvoriento. Por todas partes seguía habiendo botellas medio vacías y vasos sucios.
¿Qué significaría todo aquello?, se preguntó Biggi. ¿Por qué había vuelto a aparecer el barco de vapor demoniaco y cómo era posible que navegara por el río sin timonel?
Por encima de ella quedaba una plataforma que normalmente estaba cerrada para los pasajeros.

Allí se encontraba el puente de mando, al que únicamente podían acceder el capitán, el timonel y los oficiales.

«Le echaré un vistazo y luego saldré pitando», decidió la chica sin pensárselo mucho. Enseguida se arrepintió de su curiosidad y el miedo la fue invadiendo más y más. Cuando la luz del sol poniente pasó a través de la ventana de la cámara del timonel, Biggi distinguió en ésta una sombra. Alguien estaba manejando el timón.

—¡Pues claro, alguien tenía que gobernar el vapor! –murmuró–. Ejem… ¡Hola! –exclamó a continuación con voz ronca.

Pero la persona que estaba al timón no parecía percatarse de su presencia. Biggi subió al pequeño puente de mando con cuidado para no tropezar con cabos y cuerdas e hizo un descubrimiento aterrador.

DEVIL

En la cubierta del vapor había un rastro peculiar que llevaba hasta la cámara del timonel.

¿Quién dejó el rastro?

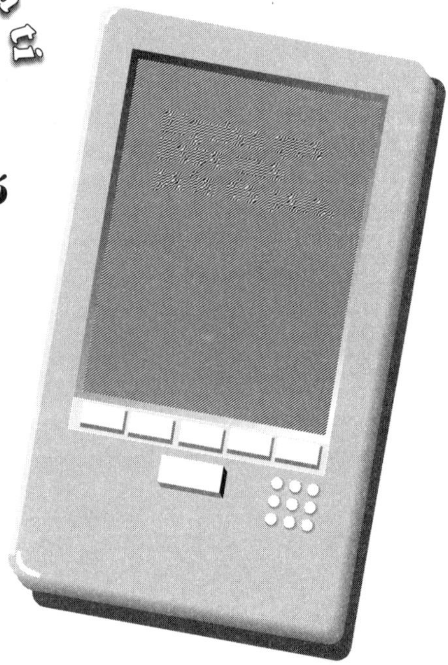

Sustos sin fin

De mil amores Biggi habría dado media vuelta para regresar a la orilla, pero su curiosidad fue más fuerte. Decidida, se dirigió a la puerta de la cámara del timonel. Llamó varias veces, pero, al no responder nadie, giró el pomo. La puerta chirrió sonoramente al abrirse hacia adentro.

—Hola... Buenos días... ¡Eh, usted! –soltó Biggi. En el azul del gorro y del uniforme reconoció que se trataba del capitán. Pero como aquel hombre seguía sin reaccionar, la chica le tocó en el hombro, en la polvorienta tela que tenía el tacto de la guata. Bajo ella notó algo duro, anguloso. Con su linterna iluminó las manos que reposaban sobre la rueda del timón y, espantada, retrocedió. Las manos eran huesos desprovistos de carne y piel. Dirigió el haz de luz a la cabeza de

aquella figura y no dio crédito a sus ojos.
La gorra azul de capitán descansaba
sobre una calavera.
Muerta de miedo, regresó corriendo a
la escalera y bajó por ella temblándole
las rodillas. En vano estuvo buscando
la banda de estribor.
—No… No puede ser verdad –exclamó
con espanto, pues la lancha había
desaparecido.
Debió de haberse soltado.
O quizá alguien había desatado la cuerda…
Nerviosa, Biggi reflexionó sobre lo
que podía hacer.
Regresar nadando a la orilla le
parecía imposible.
En ese instante, la puerta del bar
se abrió a sus espaldas.
Pero estaba tan alterada que no notó
que alguien se aproximaba a ella.
De pronto notó en su cuello una
mano helada.

Por detrás, un brazo le rodeó el cuerpo y alguien trató de arrastrarla al interior del vapor.
Tras haber superado el primer susto, la joven se defendió con pies y manos. La figura que tenía detrás soltó un gemido y relajó la presa, ocasión que Biggi aprovechó para escaparse. Corrió a ciegas hasta llegar a la proa del barco, donde bancos de madera podrida le cerraron el camino. Pero, como oía pasos a sus espaldas, saltó hábilmente por encima de ellos y salió corriendo hacia

la banda de babor del barco. Pero ¿dónde podría esconderse? Biggi miró agitadamente a su alrededor e hizo un feliz descubrimiento.

Pregunta para ti

¿Qué ha descubierto Biggi?

Pista Equipo Tigre

Acuérdate del momento en que Biggi llegó a bordo del barco.

El caso se pone más inquietante

Diez minutos más tarde Biggi llegó al embarcadero del hotel, donde Luc y Patrick la esperaban con impaciencia.

—¿Dónde has estado tanto tiempo? –preguntó Lucas.

—¡Me he dado un garbeo por las cataratas del Niágara, porque quería practicar allí el salto de palanca! –repuso Biggi como un relámpago–. ¿Pues dónde iba a estar? ¡A bordo del barco fantasma, naturalmente!

—¿Crees por fin que se trata de un barco fantasma? –preguntó Patrick.

Biggi se encogió de hombros.

—Eso no, pero en todo caso ese vapor es una pesadilla –y seguidamente les habló del esqueleto capitán, de la mano gélida en su cuello, de los bares abandonados y del fantasmal salón de baile.

A la luz del sol que se iba poniendo, el vapor ofrecía el aspecto de un vehículo infernal. De pronto se oyó un fuerte estruendo, y la cubierta superior despidió llamaradas hacia el cielo crepuscular. Sobre el barco cayó una lluvia de chispas y se levantaron imponentes nubes de humo.

Las máquinas se pusieron en marcha estrepitosamente y el barco de vapor demoniaco avanzó río arriba.

Los tres amigos se quedaron mudos mirando aquel barco siniestro, sin saber qué pensar de todo aquello.

—¡Chavales, acabo de darme cuenta de algo! –exclamó Patrick–. En este vapor hay realmente un montón de cosas raras, igual cuando está quieto como cuando se mueve. ¡Fijaos en eso!

Y pasó los prismáticos a Luc para que éste también se convenciera de la nueva «particularidad» del buque.

Pregunta para ti

¿En qué consiste esta nueva «particularidad»?

La maldición

El hotel donde el Equipo Tigre se alojaba con los padres de Biggi se llamaba Melrose. Era una antigua casa señorial de dos plantas y cuarenta habitaciones. Los muros eran blancos como la nieve y a su alrededor había columnas que sujetaban el techo negro que sobresalía y bajo el que se encontraban los balcones y las terrazas. Agotados, los tres amigos se dejaron caer en las butacas de mimbre que estaban en la gran terraza del hotel.

—Me parece que deberíamos dar cuenta al hotel de lo que está pasando ahí fuera, en el río –propuso Patrick, que seguía teniendo el miedo metido en el cuerpo.

—Creo que ese vapor demoniaco no es más que una atracción turística –dijo Luc–. Lo construyeron imitando al legendario vapor de ruedas, pero

fue provisto de una hélice de propulsión.
¿Cómo iba a navegar si no?
La idea de que el capitán fantasma que estaba en el puente de mando tal vez sólo fuera un muñeco tranquilizó a Biggi.
Y seguramente el salón de baile y ambos bares se hicieran a propósito con el mismo aire siniestro y espectral.
—¿Y la mano gélida? –preguntó la chica.
También para eso Luc encontró una explicación.
—Bueno, es que alguien tiene que gobernar el barco. Supongo que el verdadero timón se encuentra bajo la cubierta.
Quienquiera que estuviese allí quiso ahuyentarte o echarte al agua.
Evidentemente, no deseaban tu presencia.
Un camarero con frac y camisa blanca se les acercó y se dirigió a Biggi:
—¿La señorita Borge?
Biggi, a quien nunca se le habían dirigido así, respondió halagada:

—Sí, soy yo.
El camarero le pasó un teléfono móvil.
—Una llamada para usted, señorita.
Biggi cogió el aparato mirando sorprendida a sus amigos. ¿Quién sabría que estaba allí?
—¿Sí? –preguntó.
Al otro lado sonó una voz grave y ronca.
—Birgit Borge, has puesto el pie a bordo de mi *Devil*, y eso no te lo he permitido.
Biggi se puso en pie de un salto, hizo señas a los chicos para que escuchasen y los tres juntaron sus cabezas.
Las manos de Biggi comenzaron a temblar, de modo que la chica apenas pudo sujetar el auricular cuando el que llamaba soltó:
—¡Birgit Borge, yo te maldigo!
¡Ay de ti si le hablas a alguien de mi barco!
¡La muerte y la perdición se abatirán sobre ti si vuelves a acercarte a él!
Un golpe seco en la línea indicó que el que llamaba había colgado. Los Tigres volvieron a tumbarse en las butacas de mimbre.

Biggi se pasó nerviosa la mano por su cabello y dijo:

—Ahora creo en los espíritus. Debe de ser uno de verdad..., un espíritu que sabe mi nombre y me persigue.

Y la chica suplicó a sus amigos que

olvidasen todo aquello y que no se les escapara una palabra más sobre el asunto. Aquella noche Biggi se revolvió intranquila en su cama. Finalmente se levantó para tomar un poco de aire fresco. Rápidamente se puso los vaqueros y salió al balcón. De pronto comprendió por qué el «espíritu» sabía su nombre.

Pregunta para ti

¿Lo sabes tú también?

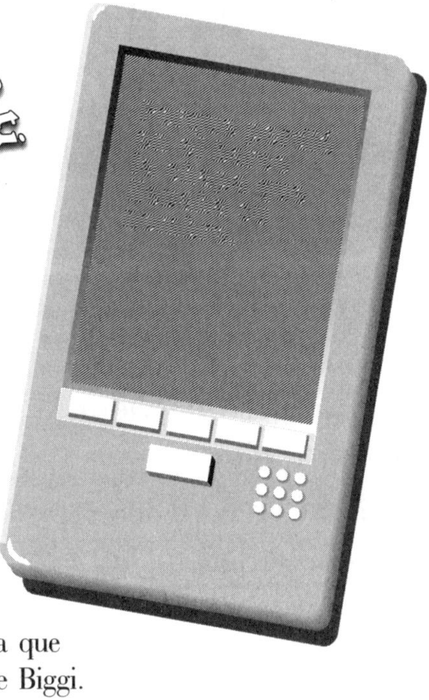

Pista Equipo Tigre

Acuérdate de la anilla que colgaba del cinturón de Biggi.

¿Por qué miente ese hombre?

Aún era de noche cuando Biggi despertó a los chicos, que dormían en la habitación contigua, y les informó de su descubrimiento.
De todos modos, el barco de vapor seguía siendo un gran misterio.
¿Quién estaría detrás de lo que pasaba y qué se proponía con sus manejos?
A la mañana siguiente volvieron a dar por la tele una información sobre el barco fantasma, el cual no sólo había aparecido en las cercanías del hotel Melrose, sino también en otros puntos del Misisipí.
En todos ellos se había visto la aparición seguida de la explosión.
Pero, además de Biggi, parecía que nadie se había atrevido a subir a bordo.
Grande era el enigma que planteaba el misterioso barco de vapor demoniaco.
No sólo la televisión informaba sobre él;

también en los periódicos aparecieron titulares. El barco fantasma estaba en boca de todo el mundo.
Los tres amigos habían decidido mantener en secreto lo que les había pasado.
En primer lugar, temían que a causa del atrevimiento de Biggi les reprendiera la señora Borge, y en segundo lugar tenían miedo del desconocido que estaba detrás de todo aquello, pues sabía que se alojaban en el hotel Melrose. Seguro que había observado cómo Biggi se dirigía con la lancha motora al embarcadero.
A lo peor hasta le seguía los pasos y la escuchaba. Y enseguida actuaría si ella le hablaba a alguien del vapor. A pesar de todo, no les resultaba fácil callar.
Por la noche estalló la bomba.
En las noticias de la televisión apareció un hombre llamado Mark Horn.
Era bajito y flaco y recordaba a un pájaro asustado. No paraba de mirar a todos lados,

como si en cualquier instante pudiera abatirse sobre él un águila gigante. Tenía un fino bigotito que parecía una raya oscura y llevaba colgado un gran anillo en la oreja derecha.

Los del Equipo Tigre tuvieron que esforzarse mucho por comprender todo lo que decía aquel hombre.

—¡Yo… yo fui quien construyó el barco de vapor! –dijo–. Siempre había soñado con construir ese misterioso barco. Sí, sí, eso es. Necesité cerca de diez años para hacerlo. La idea era que el *Devil* se convirtiera en una nueva atracción en el Misisipí. Mi tío, el célebre capitán Andy Horn, se sentiría sin duda orgulloso de mí. Él desapareció con el vapor un sábado, y por eso el primer viaje debería tener lugar el próximo sábado. Con mucho gusto les invito a todos ustedes.

Biggi pegó un crujiente mordisco a una chocolatina de avellana y exclamó con entusiasmo:

—¡Entonces iremos nosotros! ¡Es preciso!

Pero Patrick no quiso saber nada y Luc guardó silencio, limpió sus gafas con brío.

—¡Como sigas así, pronto vas a desgastar los cristales! –le reprochó Biggi.

—Sólo me gustaría saber por qué miente ese tipo –murmuró Luc reflexionando.

Biggi miró extrañada al chico.
—¿Y cómo has llegado a esa conclusión?

Pregunta para ti

¿Qué es lo que no era cierto?

—Ese tal Mark Horn sólo quiere darse aires para provocar interés por su barco –repuso Biggi–. La misteriosa aparición fue un truco publicitario para que los medios de comunicación hablaran del *Devil*.

Patrick le dio la razón, pero de todos modos le quedó una sensación de inquietud.
Los tres Tigres pasaron la velada en el gigantesco salón del hotel, que tenía dos plantas de altura, paredes tapizadas de seda, ricos adornos dorados y metros y metros de pesadas cortinas de terciopelo. En un rincón tocaba una pequeña banda de jazz. Algunas personas bailaban y los demás permanecían sentados en mullidos sillones mientras charlaban.

VODKA

—La ciudad de Nueva Orleans, que está a sólo diez kilómetros de aquí, pasa por ser la cuna del jazz –explicó el padre de Biggi.
Los amigos se limitaron a asentir con la cabeza, pues a ellos no les decía nada esa música.
Como el señor y la señora Borge habían invitado a algunos compañeros de profesión, con quienes charlaban animadamente, Biggi propuso a sus amigos un juego:
—¡Prestad atención, investigaremos un poco

por aquí! Escogeremos a unas cuantas personas y trataremos de adivinar su procedencia.

Patrick y Luc se mostraron de acuerdo, pues la clientela venía de los países más diversos.

¿De dónde proceden estas personas?

Puedes comprobar tus respuestas poniendo directamente el descodificador bajo las ilustraciones. Si adivinas por lo menos cinco países, puedes anotarte un punto en la tarjeta del caso que aparece en la página 124.

El trepador

Después de que todos propusieran sus soluciones, Biggi fue de un cliente a otro preguntándoles de dónde procedían.
La mayoría de ellos la miraron extrañados, pero consintieron en decírselo.
Patrick no había acertado más que cuatro países; Biggi, cinco, y Luc, que acertó seis, fue el ganador.
—¡Me parece que mis padres se han quedado pegados a los sillones! –refunfuñó Biggi al ver que el señor y la señora Borge seguían sin querer levantarse.
Los amigos comenzaron a bostezar en alto y dijeron que estaban muertos de cansancio.
La señora Borge los miró desconfiada, pero les permitió que subieran a sus habitaciones.
Los tres se retiraron al cuarto de los chicos para jugar a las cartas, con lo que el tiempo

se les pasó volando y, cuando miraron al reloj, ya era la una de la madrugada.

—¡Fuera... en el balcón... hay alguien! –exclamó de pronto Biggi.

—¡No vamos a picar! –dijeron riendo los chicos.

—¡Que sí, que había alguien! –aseveró Biggi, que se puso en pie de un salto y salió precipitadamente al balcón. La habitación de los chicos estaba en la primera planta.

Una figura vestida de negro trepaba con habilidad por una columna. Ya casi había llegado a la segunda planta cuando un ruido la hizo estremecerse. Bajo ella vio a los tres chicos, que la miraban fijamente. Llevaba la cabeza enmascarada, con aberturas en los ojos y la boca.
Entre los dientes llevaba un sobre.
—¿Qué está haciendo ahí? –exclamó Biggi.
El escalador de fachadas abrió la boca.
Al hacerlo, la carta se le cayó.
Luc la atrapó con un rápido movimiento.
El enmascarado soltó una maldición y trepó hasta el balcón de arriba, que daba la vuelta a todo el edificio. Como no existía ninguna separación entre los balcones, pudo desaparecer en la oscuridad sin impedimentos.
Patrick se precipitó al teléfono de la habitación y marcó el número de la recepción. Contó lo que había pasado y el portero prometió llamar a la policía,

aconsejando a los jóvenes que cerraran con cerrojo la ventana del balcón.
Así lo hicieron, y media hora más tarde el portero los llamó para decirles que la policía no había dado con el escalador de fachadas. Incluso reprochó a los del Equipo Tigre que le hubieran gastado una broma.
Entonces Luc volvió a acordarse de la carta y la puso sobre la mesa. Los Tigres la examinaron con la mirada.
—¿Se la llevamos a la policía? –preguntó por fin Biggi.
Luc declinó con un gesto. Seguramente no les creerían ni una palabra.
—Con toda seguridad iba destinada a alguien que se aloja encima de nosotros –afirmó Patrick.
—Qué va, a alguien que vive en el sótano. ¡El escalador se la iba a echar por la chimenea! –se burló Biggi.
Luc levantó la mano y dijo:
—¡Eh, nada de peleas! Una carta que lleva

por la noche un escalador de fachadas disfrazado no contiene un mensaje cualquiera.

Antes de abrir el sobre, hizo otra observación:

—Estoy seguro de que el «cartero» era una mujer. Tiene una característica especial que a lo mejor es importante –explicó.

Pregunta para ti

¿Por qué sabe Luc que el trepador era una mujer y a qué característica particular se refiere?

¡No hay por qué inquietarse!

Luc abrió cuidadosamente el sobre y sacó de él seis hojas. En cada una de ellas la información era diferente, pero la firma era la misma en todas y parecía un pez.

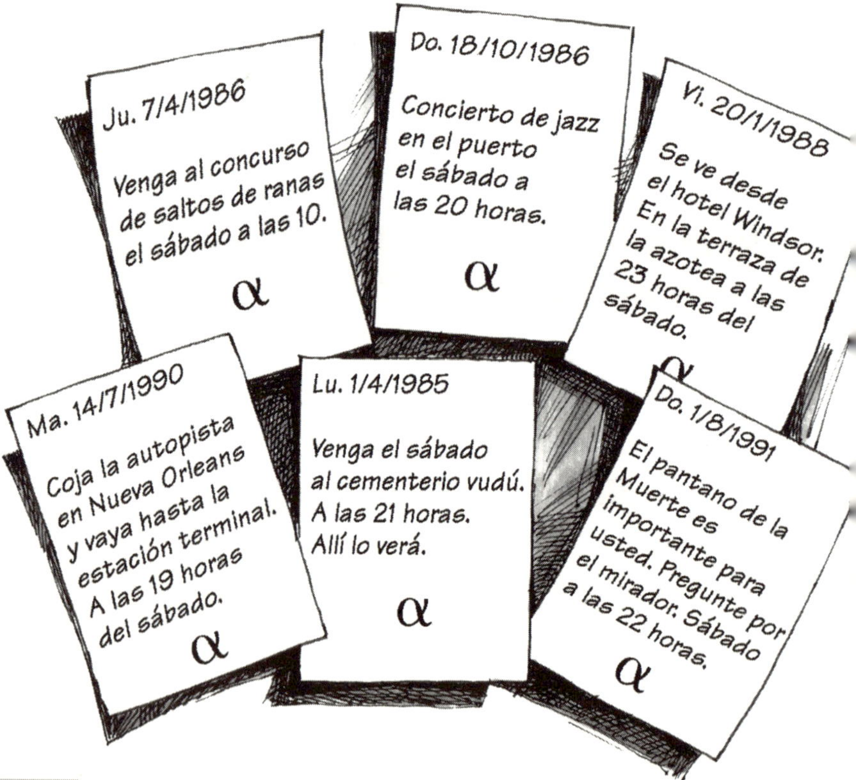

—¿Qué querrá decir esto? –preguntó Biggi.
A Lucas le era familiar aquel signo.
Lo dibujó en la pantalla de su miniordenador
y le encargó que averiguara algo al respecto.
El ordenador informó enseguida de que se
trataba de la alfa, la primera letra del
alfabeto griego.
—Alfa... ¡Tal vez sea un signo secreto!
–exclamó Biggi, que contempló
con curiosidad las seis hojas–.
Quienquiera que haya escrito eso,
debe de estar loco por partida doble.
¿Qué será este galimatías?
Lucas se encogió de hombros.
—En Nueva Orleans hay una autopista,
también hay pantanos, y al parecer
hay una reina del vudú enterrada
en un cementerio. También he leído
que aquí se celebran concursos de saltos
de rana.
Patrick hizo rodar los ojos.
—Sí, señor profesor, pero ¿por qué envía

alguien cartas que son del paleolítico?
Fíjate en las fechas.
Sí, ése era el punto crucial.
Los mensajes no daban ninguna pista.
El miniordenador de Luc llevaba incorporado un aparato con el que podía «leer» el texto de las cartas.
No tenía más que poner la estrecha ventana roja sobre el papel y la carta aparecía sobre la pantalla, quedando almacenada.
Tras «leer» Luc todas las cartas, decidieron dormir un rato.
Cuando Biggi despertó, ya avanzada la mañana, el sobre con las cartas había desaparecido.
Lo había dejado distraídamente encima de la mesa de su habitación.
Los chicos murmuraron algo así como «a nosotros no nos habría pasado», pero no le reprocharon nada.
—¡No hay por qué inquietarse, chicos; de todos modos, he almacenado las cartas

en el ordenador! –dijo Luc para tranquilizar a sus amigos.
Luego buscaron en el jardín del hotel un lugar donde no les molestaran y leyeron una y otra vez en la pantalla aquellas cartas.
De pronto, Biggi se acordó de algo:
—A lo mejor sólo es casualidad, pero en cada carta se menciona un sábado, y es en sábado cuando el barco de vapor navega por primera vez.
Los chicos asintieron con un gesto.
—Quien envía seis cartas tan raras lo hace para que sólo determinada persona comprenda el mensaje. Creo que la clave del misterio está en la fecha de las cartas –afirmó Lucas. Rebuscando en su maletín especial, sacó un disco redondo, lo hizo girar un poco y pareció ajustar algo. Luego anunció con aires de triunfo–:
La primera fecha que he comprobado es falsa. El día de la semana no cuadra.

Vamos, tenemos que controlar todas las fechas. Al cabo de unos minutos habían constatado que sólo una fecha era correcta.

Pregunta para ti

¿Qué fecha es la correcta?

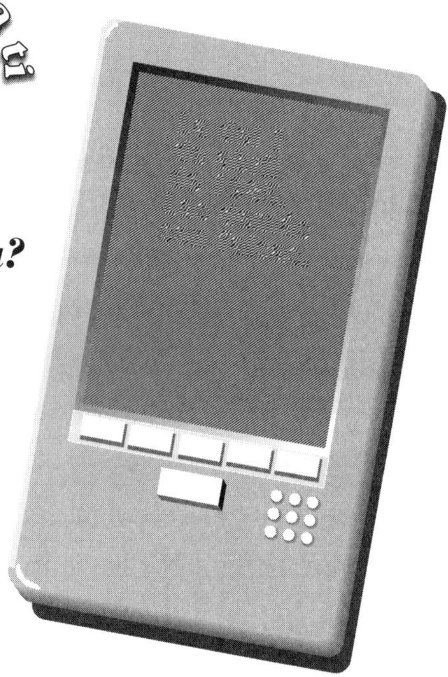

Pista Equipo Tigre

En tu sobre del Equipo Tigre encontrarás el **Calendario del futuro**. Con él podrás averiguar qué día de la semana corresponde a cada una de las fechas.

¡Al cementerio vudú!

Luc levantó la única hoja que contenía una fecha correcta.

—Apuesto a que éste es el mensaje para el Señor Desconocido. Seguro que estará allí el sábado por la noche, si es que ya ha recibido la información.

—Pero ¿qué ocurrirá en ese encuentro? –caviló Biggi–. ¿Qué querrá decir «allí lo verá»? ¿A qué se referirá el «lo»?

—Ni idea, pero me gustaría llegar hasta el fondo de la cuestión –dijo Luc.

Patrick dejó claro que a él no le llevaban al cementerio vudú ni arrastrado por diez caballos, que tampoco tenía ganas de viajar en el barco de vapor demoniaco y que, por el momento, ya estaba harto de aventuras de género espeluznante.

Luc y Biggi reflexionaron sobre lo que iban a hacer. Aún les quedaba un día de tiempo. Además decidieron que también

Patrick debería acudir con Luc a ese siniestro cementerio. El chico se enfadó mucho, pero tampoco quería pasar por un cobarde. ¿Qué iba a hacer ahora? Finalmente concibió un plan...

Sus dos amigos apenas podían esperar a la noche del sábado.

Biggi y sus padres se habían procurado tres billetes gratuitos para el viaje en el barco de vapor, que partiría del puerto de Nueva Orleans a las ocho.

Duraría dos horas y discurriría río arriba hasta el lugar donde, mucho tiempo antes, había desaparecido el verdadero *Devil.*

A las cinco de la tarde, Biggi y Luc notaron que Patrick se había largado.

Lo buscaron por todas partes, pero en vano.

Después de una hora, abandonaron la búsqueda.

—¡El muy cobarde se ha escondido en algún lugar! –gruñó Biggi.

A Luc no le agradaba mucho la idea de tener que pasar solo la noche en el cementerio.
Poco antes de las siete, los Borge se despidieron. Luc puso el pretexto de que viajar a bordo del barco fantasma le daría mucho miedo, aunque prometió saludarles desde la orilla.
A las ocho, el chico cogió un taxi y pidió al conductor que lo llevara al cementerio vudú. El taxista, que tenía el aspecto de un boxeador, se volvió y dijo:
—¿Estás loco? ¿Te has vuelto chalado del todo? ¿Qué se te ha perdido allí?
Como no se le ocurrió nada mejor, Luc le contó la mentira de que una tía suya yacía allí.
Durante todo el trayecto, el conductor no logró tranquilizarse.
—El cementerio sólo se llama Cementerio Vudú porque en él está enterrada una reina vudú –le explicó Luc–. Era una especie

de hechicera que elaboraba elixires de amor, medicinas a base de hierbas y peligrosos venenos. Por lo demás,

en el cementerio está enterrada gente completamente normal.

El conductor se detuvo junto a un roble alto.

—¡Ya hemos llegado! –dijo, con una voz que sonó empañada–. Todavía estás a tiempo de pensar si vas a bajar.

Luc echó un vistazo por la ventanilla
y arrugó la frente.
No veía ningún cementerio.

Pregunta para ti

¿Está Luc donde no es?

La llave

Luc sintió un nudo en la garganta cuando el taxi partió de allí. Con piernas temblorosas entró en la necrópolis. A la luz crepuscular parecía una ciudad de verdad, con la salvedad de que las casas no tenían ventanas. Entonces volvió a acordarse de lo que había leído sobre aquel extraño cementerio. En él, los muertos no eran enterrados, sino que las tumbas se alzaban en muros donde se introducían los ataúdes. Para cada nuevo familiar se añadía una planta. Así surgían pequeños rascacielos entre los cuales apenas había espacio.
Luc no se atrevía a avanzar. En los estrechos pasillos uno no veía lo que le aguardaba a la vuelta de la siguiente esquina.
El chico avanzaba paso a paso, inquieto.
De pronto, su mirada reparó en el roble.
Se colgó de la rama más baja y subió trepando hasta la copa.

Desde allí arriba dominaba bien todo el panorama del cementerio, hasta donde estaba el río. En esa época del año, la niebla sobre las aguas del Misisipí era particularmente densa y formaba una larga franja blanca. Pero un cerro no le dejaba a Luc ver más que un meandro del río, ocultándole lo que había delante y detrás.

Un coche llegó y se detuvo. Alguien descendió y se dirigió deprisa al cementerio. El desconocido llevaba un sombrero de ala ancha que impedía a Luc ver su cara. El chico oyó un claro ruido metálico mientras el desconocido desaparecía por uno de los callejones entre las construcciones fúnebres.

Para tranquilizarse, Luc se metió un chicle en la boca. A lo lejos oyó la sirena de un buque. Sonaba igual que un anticuado pito de vapor, de lo que Luc dedujo que era el barco demoniaco.

Entonces quiso saber lo que había sonado antes a metal. Descendió del árbol y saltó a tierra. Iluminó el suelo con una linterna que sacó de su maletín especial.

Junto a una tumba de tres pisos, descubrió un agujero en el suelo. Era más pequeño que un puño y parecía bastante profundo. En él había una pequeña llave metálica. El desconocido debía de haberla perdido.

Pero ¿cómo la sacaría? Su mano era demasiado grande para aquella abertura.

Pregunta para ti

¿Sabes el truco al que recurre Luc?

Un barco se esfuma en el aire

Después de que Luc sacara la llave del agujero, el chico regresó corriendo al roble y volvió a trepar por él.
Nuevamente oyó la sirena del vapor, pero esta vez mucho más cerca.
Desde su rama vio las luces del barco.
Cientos de lámparas lucían en las bordas de las distintas cubiertas y conferían a éste algo de fantástico.
Además, Luc vio a estribor una luz roja de señalización, y otra verde a babor.
Esta vez el vapor no daba ninguna impresión horrible o amenazadora.
La alegre música de jazz que se tocaba a bordo le llegaba hasta allí arriba.
Lentamente, el barco pasó y se alejó.
Cuando llegó al lugar del meandro que estaba más próximo al cementerio, Luc constató algo desconcertante: la música se oía cada vez más débil,

cuando tenía que haber sido exactamente al revés. Pero eso no fue todo; también las luces parecían brillar cada vez menos. El chico se frotó los ojos asombrado,

pues el casco del barco se hizo transparente y palideció más y más. El vapor parecía esfumarse en el aire.

Unos segundos más tarde, no se veía ni se oía nada de él.

Había desaparecido sin dejar rastro.

—No... no es posible. Estas cosas sólo pasan en los cuentos. ¡No es posible que ocurra eso! –murmuró Luc desconcertado.

Los minutos transcurrieron sin que el barco de vapor reapareciera.

Pero de pronto Luc vio parpadear las luces del barco.

Pareció haber seguido navegando a pesar de todo, y se encontraba al final del meandro que se veía desde el cementerio vudú.

La sirena volvió a ulular y luego el vapor desapareció tras el recodo.

Lucas oyó que el desconocido abandonaba el cementerio con pasos rápidos.

El chico esperó un instante antes de volver a bajar del árbol de un salto.

Pero ¿cómo regresaría al hotel?
A sus espaldas se encendieron unos faros.

Un coche derrapó y el chaval saltó a un lado asustado. El automóvil se detuvo con un chirrido de frenos y una puerta se abrió.
Luc fue a emprender la huida cuando una voz de hombre le llamó:
—¡Eh, pequeño, sube; te llevaré de vuelta!
El taxista había regresado.
Quería cerciorarse de que al chico no le había pasado nada.
Luc se deshizo en palabras de agradecimiento cuando le dejó junto al hotel Melrose.
Pero ¿dónde estarían Biggi y sus padres?
Y ¿dónde se habría metido Patrick?
Luc no se enteró más que dos horas después, cuando sus amigos se precipitaron al interior de su habitación casi simultáneamente.
Hablaban a la vez y atropelladamente, y Luc tuvo que calmarlos de una vez.
—¡Eh, despacito y por orden!

—¡Es increíble...! ¡Hemos... hemos notado perfectamente que había algo raro! –contó Biggi, todavía sin aliento–. De pronto dejamos de verlo todo. A uno y otro lado del barco; y por delante y por detrás había una cortina de agua.

»Huimos hacia el salón y oímos un estruendo ensordecedor, sin saber qué había pasado. Aquello duró unos tres minutos; después todo pasó y entonces nos encontramos en otro lugar del río.

»Ese Mark Horn, que gobernaba el vapor, estaba fuera de sí, pero sin embargo prosiguió el viaje.

Patrick casi reventaba de impaciencia porque había visto algo importante, pero Luc y Biggi no le dejaban decir palabra.

—Contigo ya no me hablo –le dijo Biggi en tono de reproche–. ¡Mira que haber dejado a Luc en la estacada!

—¡Sí, afortunadamente! –repuso Patrick–. Porque vi desde la orilla el barco de vapor. Creo que tengo la explicación de lo que pasó en el agua.

—¿Qué? –Biggi y Luc lo miraron como alucinados.

—Por la tarde, fui río arriba para esconderme y entonces algo me llamó la atención: una y otra vez surgían del Misisipí pequeños surtidores. Juntos formaban una cortina que rodeaba al barco.

Y en el ordenador de Luc el chico dibujó con unos trazos lo que quería decir.

—Cuando luego el vapor se encontró exactamente sobre esos surtidores, todos ellos empezaron a brotar simultáneamente formando la cortina de agua de la que Biggi habló –continuó su relato Patrick–. Entonces, esos surtidores de agua se pusieron en movimiento, acompañando al barco río arriba.

Luc estaba sin habla.
—Suena como si alguien hubiera ocultado en el río una instalación que produce ese fenómeno y se desplaza bajo el agua con el barco.
—¡A que estuvo bien que yo no fuera el más valiente! –dijo Patrick con una ancha sonrisa, y sus amigos tuvieron que darle la razón.
—Pero ¿cómo fue posible que el vapor se hiciera invisible? –preguntó Biggi.
—Seguramente gracias a un truco –murmuró Patrick.

Pero ni él mismo tenía claro cuál,
aunque seguro que acabaría averiguándolo.
—Dime, ¿te llamó la atención algo
especial mientras ibas a bordo del barco?
–le preguntó a Biggi.
La chica se encogió de hombros.
—Esto..., en fin, sí... Quiero
decir que el aspecto del barco de
vapor era totalmente distinto.
Estaba... estaba adornado con ristras
de luces y muy iluminado.
O sea, había algo raro.
Todas las lámparas eran blancas,
salvo una verde en el lado derecho
y otra roja en el izquierdo.
¿No os parece extraño?
—No, en absoluto. El faro rojo
y el verde son señales de navegantes
–le explicó Luc.
De repente, en la memoria de Patrick
resurgió el barco que se había esfumado
en el aire.

—Ése no fue el barco donde tú estuviste. ¡También tengo la prueba! –exclamó excitado.

Pregunta para ti

¿De qué prueba se trata?

La cabaña siniestra

—Debemos... ¡debemos regresar al cementerio vudú! –decidió Luc.

—¿Estás chalado? ¿En mitad de la noche? –exclamaron con espanto Biggi y Patrick.

—Es importante. Es que tengo una sospecha y quiero encontrar la prueba. ¡Por favor, acompañadme! –suplicó Lucas.

Biggi y Patrick acabaron cediendo.

Salieron sigilosamente por la puerta trasera del hotel y enseguida tomaron un taxi.

Luc se estremeció cuando reconoció al taxista con cara de boxeador.

—¡No me digas que queréis ir otra vez al cementerio vudú! –dijo el conductor.

Luc sonrió apurado.

—Esto... ¿Querría usted... tener la amabilidad de... acompañarnos y..., bueno, vigilar y todo eso...? –balbuceó.

El hombre soltó una risa corta y les prometió espantar a tortazos a todos los espíritus.

Durante el trayecto, Luc le presentó a sus amigos y se enteró de que el conductor se llamaba Jeremy.
El taxi volvió a detenerse bajo el nudoso tronco del roble y, al descender el conductor,

los chicos se asombraron de lo enorme y fuerte que era. Junto a él, hasta el mismo Patrick, que tenía un físico de deportista, parecía pequeño y delgado.

—¿Adónde queréis ir? ¿A alguna tumba en particular? –preguntó Jeremy.

Luc señaló hacia el río.

—Quisiera buscar algo allí.

—¡Pero entonces tenemos que atravesar el cementerio! –dijo Jeremy, y él marchó delante y los del Equipo Tigre le siguieron pegados a los talones. Los pasillos entre las tumbas eran mucho más estrechos de lo que Luc recordaba.

Por fin llegaron al límite del cementerio y caminaron por un prado pantanoso que descendía en suave pendiente hasta la orilla del río.

Algunas colillas señalaron a los amigos por dónde había pasado el desconocido. Así que éste había observado lo mismo que Luc.

El chaval señaló una cabaña
baja que estaba cerca del agua,
entre viejos árboles de troncos nudosos.
—Quiero echarle un vistazo –dijo el chico.
La mirada de Jeremy se ensombreció.
—Será mejor que no lo hagas.
Ahí se guardan ataúdes vudú.
—¡Precisamente por eso ahí podría estar
lo que busco! –dijo Luc, que no dejó que le
disuadieran de lo que se había propuesto.
Los cuatro se dirigieron hacia la cabaña.
Jeremy quiso esperar fuera y, por si acaso,
Patrick permaneció junto a él.
Biggi y Luc respiraron hondo antes
de encaminarse a la puerta.
Sin embargo, ésta se encontraba cerrada.
Luc dio un rodeo a la cabaña, pero no
vio ninguna ventana.
Golpeó en las tablas de madera
con las que estaban hechas las paredes
y por fin dio con una que se encontraba
suelta y pudo desprenderla con facilidad.

Entró con dificultad por la abertura
y Biggi le siguió. Luc encendió
una linterna e iluminó el interior.
De buena gana hubieran salido huyendo
al instante.

Apoyados contra la pared había ataúdes con las formas más diversas. Uno de ellos parecía un pez, otro se asemejaba a un monstruo y un tercero tenía la forma de un estrecho automóvil.

Pero entonces el chico reparó en algo que confirmó su sospecha.

Pregunta para ti

¿Qué ha descubierto Luc?

Una pista importante

Víctimas del pánico, ambos Tigres salieron de la cabaña.

—¡No os mováis! –exclamó a sus espaldas una voz grave. Los chicos se volvieron asustados.

Pero no había sido más que una broma de Jeremy, que estaba apoyado contra el tronco de un árbol con una amplia sonrisa. Luego quiso saber lo que habían descubierto.

—¡Es exactamente lo que había supuesto! –soltó Luc–. El verdadero barco demoniaco nunca pasó por aquí. Con ayuda de un proyector gigante, se proyectó la imagen del barco contra la niebla. De esa manera también pueden proyectarse imágenes contra las nubes. La música que yo escuché procedía sin duda de altavoces, y lo mismo el ulular de la sirena del barco cuando el vapor resurgió y desapareció tras el meandro. Gracias a este efecto, el engaño debía ser perfecto.

—¿Y para qué todo este montaje? ¿Sólo para ese gran desconocido? –se extrañó Biggi.

—Eso seguro que también lo averiguaremos –manifestó Luc–. Bien pensado, es bastante seguro que ese tipo se aloje en nuestro hotel, en una planta superior. Examinaremos con lupa a quien nos parezca sospechoso.

Pero, de todo lo que durmieron, los amigos sólo pudieron empezar a investigar a última hora de la mañana, pues no se acostaron hasta las dos de la madrugada.

Al día siguiente volvía a reinar una gran agitación acerca del misterioso barco, del que se hablaba constantemente en la televisión y la prensa.

¿Había pasado en el primer viaje lo

mismo que cien años atrás? ¿El barco había vuelto a desaparecer en el aire? Mark Horn relató que todos los aparatos del puente de mando se habían vuelto locos.

—¡Era como si todo se esfumara! –repetía una y otra vez.

A los del Equipo Tigre no se les iba la sospecha de que había alguien que quería utilizar todos los medios para hacer creer que, efectivamente, el vapor se había diluido en la nada.

A primera hora de la tarde, los tres amigos volvieron a encontrarse bajo los cipreses del jardín y hablaron de lo que habían averiguado. Habían fotografiado y escuchado en secreto a algunos clientes del segundo piso. También habían hablado con algunos, a quienes preguntaron con tacto qué habían hecho la noche anterior.

Estuve a bordo del barco de vapor demoniaco, y no comprendo lo que sucedió. ¿Es de verdad posible que el barco se haya transformado en otra forma de energía?
Ayer por la noche estuve hablando por teléfono con mis hijos. Acababan de regresar a casa del colegio y tenían muchas cosas que contarme. ¡Menuda fortuna me voy a gastar en la factura del teléfono!
Ian Tiggen
Pierre Rousse

Me pasé toda la noche de ayer esperando la llamada de mi amiga. Siempre me llama cuando se levanta y yo acabo de acostarme. Pero esta vez se olvidó de hacerlo y yo me enfadé. Eso de los barcos fantasmas son niñerías.
Siempre llevo dos relojes para ver en todo momento qué hora es en Moscú. Cuando aquí son las tres de la mañana, en Moscú es mediodía. Por eso como siempre por la noche, porque mi reloj interno piensa que es mediodía. ¡Ja, ja!
No estuve a bordo del barco, sino en el hotel Windsor, que está situado en el puerto. Vi al vapor pasar de largo.
Luigi Cavallo
Mak Ching Pong
Vladimir Korsakow

Pregunta para ti

¿Cuál de estas personas ha mentido?

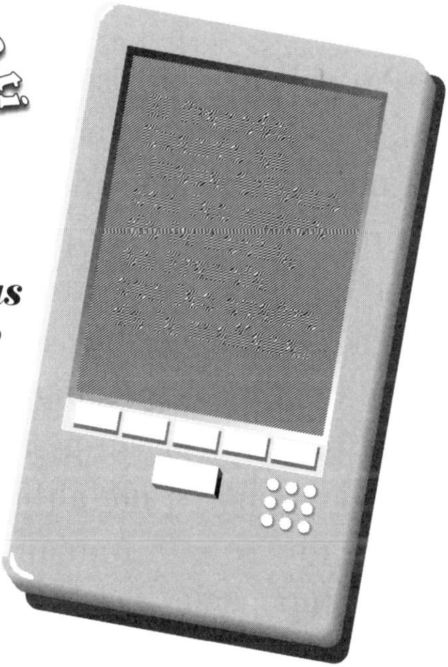

Pista Equipo Tigre

La tarjeta coleccionable **Horas del mundo** puede serte útil para responder a esta pregunta.

La consigna

—No debemos perder de vista al francés. Así, tal vez averigüemos por qué cayó en nuestra trampa –manifestó Biggi–. La representación fue perfecta, pero ¿por qué todo ese teatro?

—¿No sería mejor que avisáramos a ese hombre? –preguntó Lucas.

Biggi rechazó con un gesto la propuesta.

—Todavía no; si no, al final no sabremos nunca qué se está tramando.

Los componentes del Equipo Tigre se mantuvieron cerca de Pierre Rousse por turnos.

El hombre parecía estar muy nervioso. Un par de veces se bañó rápidamente en la piscina y, cuando se tumbaba al sol, se removía inquieto a uno y otro lado. Tomó varias bebidas, eructando fuerte y disculpándose cada vez que lo hacía.

En el turno de Biggi para observarle, la chica escuchó cómo dos señoras mayores hablaban entre sí. Lo hacían en inglés, pero, por fortuna, tan claramente que Biggi lo comprendió todo.

—¡Qué grosero! –decía una, que llevaba el pelo teñido de rosa y un vestido de encaje. La otra, con cara de muñeca, arrugaba su empolvada naricita y decía con voz aflautada:

—¿Qué otra cosa cabe esperar de un tipo que comercia con armas?

Biggi dio un respingo. ¡Así que aquel hombre era traficante de armas!

Esta noticia fue tan emocionante que se zampó unas zanahorias que servían en el bar con las bebidas.

A las cinco y pocos minutos, Pierre Rousse abandonó el hotel.

Jeremy, que había aparecido una hora antes para ver a los del Equipo Tigre, se ofreció para seguir al francés.

Los tres aceptaron el ofrecimiento con alegría y subieron al taxi, encogiéndose en el asiento trasero lo más posible a fin de que el francés no pudiera verlos.

El viaje duró media hora y terminó

en la estación de ferrocarril.
Ahora le tocaba a Patrick vigilar a Pierre Rousse, pues era el más hábil para hacerlo. El hombre se encaminó hacia una puerta en la que destacaba una llave grande. Patrick supuso que se trataba de la sala de la consigna.
Pierre Rousse rebuscó en los bolsillos del pantalón, registró los de la chaqueta y, por último, echó un vistazo a su monedero. A continuación, resoplando de rabia, dio media vuelta.
A Patrick ya no le dio tiempo de ponerse a cubierto cuando el francés, a una distancia de sólo medio metro, pasó junto a él. Pero tan irritado estaba, que no reparó en el chico.
Cuando Patrick contó lo sucedido a sus amigos, Luc sacó sonriente la llave que había encontrado en el cementerio y la levantó mostrándola con aire triunfal.
—¡Apuesto a que buscaba esto! –exclamó.

Los tres entraron precipitadamente en la consigna. Fue entonces cuando repararon

en que en la llave no figuraba ningún número. ¿A qué casillero correspondería?

Había tantos que era imposible probarlos todos sin llamar la atención.

Pregunta para ti

¿Puedes averiguar el número del casillero al que corresponde la llave?

Trescientos millones

Luc abrió el casillero con dedos temblorosos. En él había un fajo de papeles. Lo sacó y, sin fijarse más en él, los Tigres se fueron de la estación. Los chicos no repararon en que alguien los observaba.

Cuando Jeremy volvió a poner en marcha el automóvil, repasaron apresuradamente los papeles. Se trataba de unos planos de ejecución y de páginas enteras de instrucciones de las que no entendían ni palabra.

Pero también descubrieron una hoja escrita, evidentemente, con una vieja máquina de escribir. Algunas letras estaban tumbadas, otras faltaban o estaban demasiado altas o bajas en relación con la fila.

Lucas la leyó.

Entonces tuvo algo claro. Incluso pudo pronunciar sin problemas la palabra «desmaterializador».

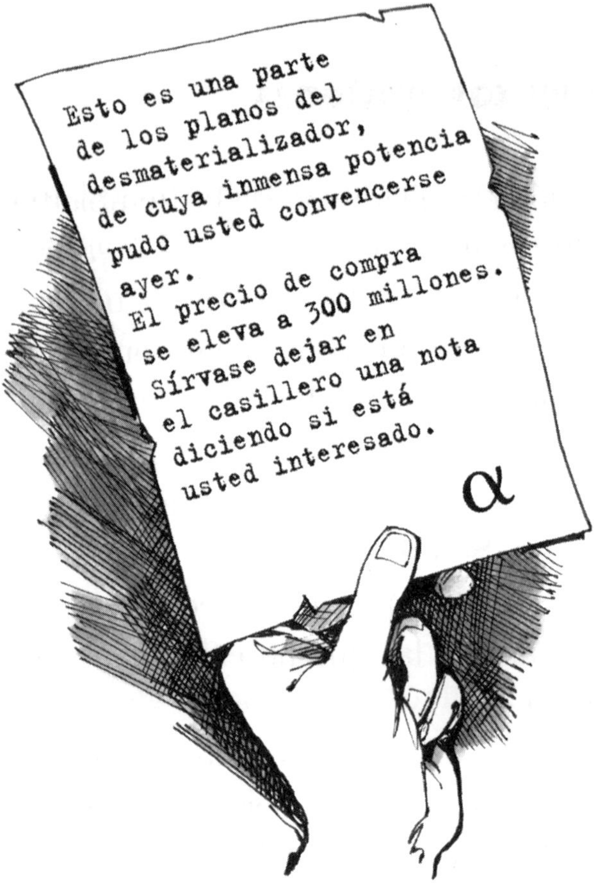

—Al tal *monsieur* Pierre Rousse lo embaucaron diciéndole que existía un arma maravillosa, capaz de hacer esfumarse en el aire, o sea desmaterializar, a personas y objetos, incluso barcos enteros.

¡Y el muy simple parece creer a este retrasado mental!

—¡Y si efectivamente paga ese precio, todo aquel formidable montaje resulta rentable! –afirmó Biggi–. Además, el embustero que firma con el seudónimo Alfa también puede seguir empleando el barco de vapor como atracción turística.

—Ese tal Alfa sabe de verdad cómo sacarle provecho a la gente –manifestó Luc.

—¿Qué hacemos ahora? ¿Le decimos a *monsieur* Rousse que se está dejando engañar por un embustero? –preguntó Biggi.

Luc y Patrick asintieron con un movimiento de cabeza.

Encontraron al francés en el gran vestíbulo del hotel. Cuando le contaron todo lo que habían averiguado en los días anteriores, aquél prorrumpió en sonoras carcajadas.

—Es la idiotez más grande que he oído en mi vida –dijo–. En primer lugar, no comercio con armas; en segundo lugar, no soy un imbécil perdido, y en tercer lugar, todo eso son sólo invenciones vuestras. ¡Vamos, admitidlo! ¡Yo no iría por ahí contando muy alto idiotez semejante; si no, se van a reír de vosotros! –y con estas palabras, aquel hombre dejó a los chicos plantados y boquiabiertos, marchándose apresuradamente.

—Propongo que observemos de cerca a Mark Horn –dijo Biggi–. Tiene que saber más cosas de ese enigmático Alfa. Al fin y al cabo, actúa conjuntamente con él.

Por suerte, el taxi de Jeremy seguía estacionado ante el hotel. El taxista sonrió ampliamente cuando los tres amigos subieron al asiento de atrás, y los llevó al puerto. Mark Horn tenía allí una oficina pequeña y sucia en la que reinaba un caos total.

—¡Como mi madre vuelva a reñirme por el desorden de mi habitación, la traigo a que vea esto! –susurró Luc a Biggi.

Mark Horn estaba igual de nervioso y de agitado que cuando salió por la televisión. Andaba tirándose del bigotito y sacudiendo persistentemente la cabeza.

—¡No conozco a nadie que se llame Alfa! –aseguraba una y otra vez.

¿Dice la verdad Mark Horn?

Patrick sacó la carta de Alfa y se la plantó a Mark delante de las narices.
La nota estaba mecanografiada con la misma vieja máquina de escribir que la hoja del casillero.
Mark Horn se puso rojo como un tomate y cerró la puerta.
Después hizo a los Tigres un gesto para que se le acercaran.
—¡Yo… siempre tengo miedo de que me esté escuchando! –susurró–. Pero, por lo que a mí respecta, no tengo ni idea de quién es Alfa. Cuando era pequeño, yo ya soñaba con construir el *Devil*, pero siempre me faltó el dinero. Entonces, hace tres años, recibí la primera carta de Alfa. Me ofreció financiar su construcción si ponía el barco a su disposición antes del viaje inaugural. Por lo demás, lo que debía pasar es lo que vosotros visteis. Yo recibí instrucciones muy precisas.

—Probablemente a usted siempre le hicieron llegar los mensajes en secreto o a través de la consigna –supuso Patrick.

—¿Cómo sabes tú eso? –preguntó asombrado Mark Horn.

—¡Pero si es evidente! –repuso Patrick.

—¿Conocía usted esa curiosa instalación de surtidores? –preguntó Biggi.

Horn sacudió vivamente la cabeza.

—No, Alfa me anunció una sorpresa. Pero yo tenía que decir que los instrumentos de medición se habían vuelto locos.

—El miércoles... ¿fue usted quien gobernaba el barco cuando esa noche avanzaba por el Misisipí? –preguntó Biggi.

Horn volvió a negar sacudiendo la cabeza. Eso significaba que Alfa o uno de sus ayudantes fue quien atrapó a Biggi a bordo del barco.

Los del Equipo Tigre prometieron que,

por el momento, se callarían aquel asunto, y luego se despidieron. Cuando llegaron a su hotel, todos los clientes se encontraban ya cenando. La señora Borge estaba muy enfadada por el retraso de los del Equipo Tigre, pero Biggi la tranquilizó rápidamente. Antes de ir a la cama, los tres estuvieron un rato en la terraza.

Salvo el canto de los grillos, el silencio a su alrededor era total. Los chicos volvieron a pensar en el tal Alfa, que tal vez se encontraba planeando su siguiente engaño.

De pronto, a sus espaldas, alguien puso sobre la mesa tres vasos con tintineantes cubitos de hielo.

Y acto seguido les sirvieron un refresco.

—¡Pero si no hemos pedido nada! –exclamó Patrick. El camarero ya había desaparecido por el interior del edificio.

—¡A caballo regalado no le mires el diente! –afirmó Luc, que fue a echar mano de su vaso.

Biggi y Patrick brindaron con él. Cuando se iban a llevar el vaso a los labios, Biggi exclamó de pronto:

—¡Alto! ¡Hay algo raro en esto!

Pregunta para ti

¿Qué ha notado Biggi?

¿Quién es Alfa?

—¿Crees tú..., significa esto que..., quieres decir que ahí dentro podría haber un veneno o algo así? –preguntó en voz baja Luc.

Biggi asintió con un movimiento de cabeza.

Asustados, los chicos apartaron de sí los vasos. ¡Habían vuelto a tener suerte!

—¡A lo mejor es *míster* Alfa quien nos ha servido, o uno de sus ayudantes! –dijo Patrick.

Y decidieron ir enseguida al hotel.

En la puerta tropezaron con *monsieur* Rousse, que, empujándolos, volvió a llevarlos a la terraza.

—¡Haga el favor de dejarnos pasar, tenemos que buscar a alguien! –dijo Biggi indignada.

—¡De eso nada, tengo que hablar con vosotros! –siseó el francés.

Cuando pasaron por la mesa en la que estaban los vasos, preguntó:
—¿Por qué no habéis tomado nada?
Biggi le miró con desconfianza.
—¿Es usted quien nos lo ha servido?
Pierre Rousse puso cara de sorpresa y olfateó en uno de los vasos. Su nariz captó el olor de almendras amargas.
—De buena os habéis librado –murmuró–. ¡Esto está envenenado, y con veneno mortal! –y rodeó con el brazo las espaldas de Biggi y Patrick, como si fueran viejos amigos.
—¡Estáis totalmente locos! –dijo luego mientras paseaban por el oscuro jardín–. El amistoso taxista que os ha llevado a todas partes me ha contado lo que sabéis. No es extraño que Alfa quiera eliminaros. Alfa es un mentiroso. Afirma haber inventado nuevas tecnologías y armas peligrosas, y ha hecho picar a la gente una y otra vez.

Por suerte, sus armas no funcionan, pero con los planos de modernas fábricas en las que dice que puede fabricar tejidos a partir de basura ya ha ganado millones y ha llevado a la ruina a más de uno.
Por eso he puesto todo mi empeño en encontrarme con Alfa, lo cual resulta sumamente difícil, porque Alfa no se deja ver en persona.
Él me ofreció esa superarma por la que no tengo el más mínimo interés.
Yo en realidad soy detective y me llamo Xavier Savar. Tengo que conseguir desenmascarar a ese Alfa, sólo por eso he estado representando un papel en todo este asunto.
Entonces el Equipo Tigre comprendió por qué aquel hombre antes se había reído de tal modo, y Biggi corrió precipitadamente hacia la terraza. Los tres refrescos ya no estaban sobre la mesa.

Luego fue al vestíbulo del hotel y miró disimuladamente a su alrededor. ¿Y si Alfa estuviera allí?

¿Puedes reconocer a Alfa o a su cómplice? ¿O a los dos tal vez?

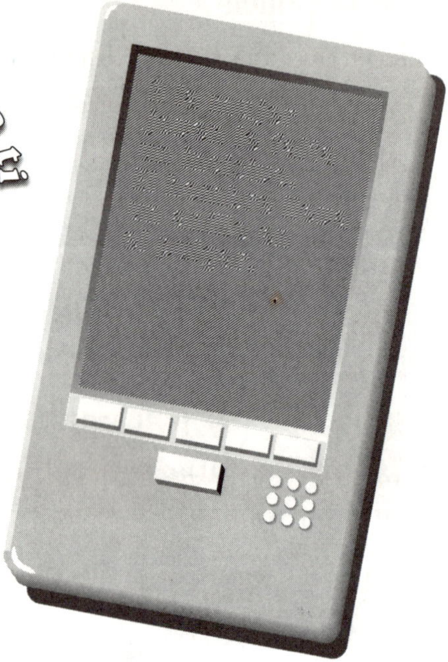

¡Se acabó el montaje!

Unos minutos más tarde se oyó la sirena de la policía.
Los dos embaucadores intentaron huir, pero no llegaron lejos, pues el hotel estaba rodeado de policías.
Todos se asombraron de que Alfa fuera una mujer.
Ni siquiera su cómplice, al que ella había introducido en el hotel de camarero, sabía que su jefa estaba presente.
Ya sólo restaba esperar que la policía se incautara de los millones conseguidos con el timo y los devolviera a sus legítimos propietarios.
Al día siguiente, el detective francés felicitó al Equipo Tigre.
—¡Buen trabajo, colegas! –dijo en reconocimiento.
Los tres amigos se alegraron de aquel elogio y exclamaron entre risas:

¡Somos los Tigres,
los más geniales,
y a detectives
no hay quien nos gane!

¡Todo había vuelto a salir bien! ¡Ojalá que el safari africano que tenían planeado para las vacaciones de otoño discurriera más tranquilamente!

Curiosidades del mundo de la navegación

Babor	Izquierda en el sentido de la navegación.
Estribor	Derecha en el sentido de la navegación.
Braza	Unidad de medida (aprox. 1,80 m) que sirve para expresar la profundidad del agua.
Nudo	Unidad que se utiliza para medir la velocidad de los buques. 1 nudo = 1,8 km por hora

Todo buque lleva un **faro rojo de señalización a babor** y otro **verde a estribor**. Sirven para que, en la oscuridad, los capitanes de otros buques sepan si un buque viene hacia ellos o si navegan en el mismo sentido.

Tarjeta del caso

Un barco de vapor demoniaco

El cuarto miembro del Equipo Tigre

(pon tu nombre)

ha resuelto este caso...

fatal · flojillo · regular · bien · muy bien · súper

Luc Biggi Patrick

Nombre: Thomas Brezina
Edad: 32 años
Mis puntos fuertes:
Me gusta escribir las historias emocionantes y divertidas que me habría gustado leer de niño. Ya he escrito más de 100 libros.
En Alemania presento en la tele concursos y un programa de detectives.
Mi mayor problema: Soy impaciente, terriblemente desordenado y, cuando me invento historias, a mis amigos les suelo parecer de lo más caótico.
Lo que más me va: Aparatos electrónicos inteligentes y ordenadores, mi perro Putzi (que parece un plumero con patas), el verano y el sol, los musicales y el cine.
Características: Colecciono relojes escacharrados. Por ejemplo, tengo uno que anda al revés.

El Equipo Tigre

1 En el Templo de los Truenos
2 El fantasma del picadero
3 El avión fantasma
4 Los caballeros robots
5 En la Costa de los Huesos
6 La maldición del faraón
7 Un helicóptero de pesadilla
8 Monstruos invisibles
9 Un barco de vapor demoniaco
10 El safari de los monstruos
11 La góndola espeluznante
12 El yelmo de la calavera
13 El pantano de las Brujas
14 El coche de la momia

...Y del mismo autor:

EL CLUB DEL HORROR

1 La casa del terror
2 El hombre de la mirada de hielo
3 La bestia invisible
4 El espíritu de la jungla
5 El ataúd del vampiro
6 El regreso del Titanic